La PNL de A à Z

(Nouvelle version 2020)

Comment la PNL vous aidera à atteindre vos objectifs et réussir dans la vie

Bonus:

des exercices à pratiquer au quotidien

***par* Lucio Canistrelli**

Lucio Canistrelli

Code ISBN : 9798654862211

Sommaire

Introduction

Vous avez sûrement déjà entendu parler du terme PNL, ou plutôt de la Programmation Neuro-Linguistique. Cette méthode est en effet très populaire depuis sa conception dans les années 70. Mais que se cache-t-il derrière ce terme?

"Neuro" vient du grec ancien et fait référence au système nerveux. "Linguistique" vient du latin et signifie "langue". Puis il y a le mot "programmation". Cette expression est déroutante, voire effrayante au premier abord: du latin, du grec et un terme technique, le tout dans une seule et même expression. Plus précisément, la PNL est une forme de communication. Cette communication (linguistique) nous aide à changer (programmation) certaines dynamiques qui ont lieu dans notre cerveau (neurologique) et qui sont responsables de certains comportements. Le concept devrait maintenant vous sembler beaucoup plus simple, mais ce dont nous parlons n'est sûrement pas encore très clair dans votre esprit.

En réalité, la PNL est quelque chose qui peut être appris par tout le monde. Pas besoin d'être un scientifique ou un ingénieur pour utiliser la Programmation Neuro-Linguistique C'est sur votre subconscient que vous allez devoir travailler.

Beaucoup de choses se cachent dans cet environnement mystique de l'être, bien plus que vous ne le pensez. Des comportements de la vie quotidienne, certaines réactions, et même notre attitude intérieure: nous avons rarement conscience de tous les processus qui se déroulent dans le subconscient, qu'ils soient bons ou mauvais. Le mal est malheureusement bien plus présent que nous le pensons.

Avec la PNL, vous pourrez gérer de nombreux aspects de votre psyché, avec un objectif final: avoir une vie plus heureuse, rythmée par les succès, débarrassée des problèmes pesants, et remplie de pensées et de comportements positifs. Vous pouvez également utiliser la PNL pour améliorer la communication avec les personnes qui vous entourent, faire passer vos messages de manière efficace, et même orienter une conversation dans le sens qui vous arrange.

Dans certaines situations et dans certains environnements, la PNL peut également être utilisée dans le cadre d’une thérapie (hypnotique). Cette utilisation thérapeutique est très efficace, car elle est mise en pratique avec l'appui d'un professionnel. Mais vous pouvez très bien apprendre seul à utiliser les outils de base de la PNL, de même que les techniques les plus avancées.

Dans ce livre, nous ne parlerons pas seulement des techniques. Nous voulons aussi que vous compreniez comment les comportements négatifs s'ancrent dans votre subconscient, comment les traquer et les faire disparaître. Dans le même temps, vous apprendrez qu'il est possible de programmer certains aspects du subconscient qui peuvent être d'une grande aide pour atteindre vos objectifs et libérer votre vie des soucis.

Les bases de la PNL

La Programmation Neuro-Linguistique repose sur six piliers, six fondements sur lesquels il faudra travailler pour obtenir des résultats.

La personne

Lorsque nous parlons de la personne, nous entendons par là, celle qui se prépare à utiliser la PNL, son niveau émotionnel et ses capacités. C'est l'élément le plus important de la PNL, celui qui la rend réelle, car c'est elle qui la met en pratique. C'est la personne qui utilise cette discipline qui la rend effective, efficace ou inefficace. Votre succès dépend de vous-même. Chaque objectif atteint fait partie de votre histoire et c'est vous qui êtes responsable de chaque changement, qu'il soit positif ou négatif. Une technique, aussi efficace qu'elle soit, est inutile si la personne ne l'implémente pas correctement.

La technique

La PNL utilise des techniques précises. C'est là que nous intervenons. C'est notre boulot d'y réfléchir et de les concevoir pour vous. Nous vous présenterons quelques techniques qui peuvent être vraiment très utiles pour affronter les problèmes qui s'interposent dans le bon déroulement de vos journées.
Vous apprendrez à les utiliser et à comprendre que leur efficacité dépend, dans tous les cas, de votre motivation et de votre engagement.

L'objectif

Connaître votre but est essentiel pour pouvoir l'atteindre. Cela va de soi, et vous n'aviez certainement pas besoin de nous pour le comprendre. Malgré tout, il n'est pas toujours facile d'atteindre l'objectif que nous nous sommes fixé. C'est le cas parfois lorsque certains prérequis importants font défaut. C'est là qu'intervient la PNL. Elle peut vous aider à prendre conscience de ces prérequis manquants. C'est en particulier aux postulats suivant que nous pensons:

- Connaissance de la situation actuelle. Quelles sont les ressources à votre disposition? Quels sont les points forts que vous pouvez exploiter et quelles sont les faiblesses sur lesquelles vous devrez travailler?
- Connaissance de la situation idéale à atteindre. Possédez-vous tout ce dont vous aurez besoin pour atteindre votre objectif? Que vous manque-t-il pour vous rapprocher de votre objectif?

Quelles compétences doivent être renforcées? Quels comportements négatifs doivent être bannis?

- Mise au point d'une stratégie. Lorsque vous aurez tous les éléments nécessaires à votre disposition, vous pourrez réfléchir à une ou plusieurs stratégies à mettre en place pour atteindre votre objectif.

La PNL vous permet de créer une image puissante de votre objectif, une image capable de vous fournir à tout moment la motivation suffisante pour continuer. La PNL vous donne également des techniques pour éliminer les comportements qui anéantissent votre énergie, et vous permet d'établir les bonnes attitudes qui vous aideront à atteindre votre objectif.

Les indicateurs

Les indicateurs sont des signaux, des retours, provenant de la réalité autour de vous. L'environnement dans lequel vous vivez est l'endroit où se dessine le chemin vers votre but. Mais comment savoir si vous allez dans la bonne direction? En rassemblant des informations de votre environnement. Si, par exemple, vous essayez de vous remettre en forme en réduisant le volume d'alcool que vous ingérez, les signaux auxquels vous pourrez être attentifs sont le nombre de canettes ou de bouteilles d'alcool dans votre poubelle. Vous essayez de réduire votre tour de taille? Les chiffres de la balance seront un bon indicateur. Cependant, tous les objectifs n'ont pas d'indicateurs aussi facilement quantifiables. Nous ne savons pas exactement quel est votre objectif et c'est pourquoi nous vous suggérons de prêter attention à tous les indicateurs qui proviennent de votre environnement. Ces signaux vous diront si vous vous éloignez, si vous stagnez ou si vous vous rapprochez de votre objectif.

La flexibilité

Si ce que vous faites ne fonctionne pas, essayez autre chose. C'est comme ça que l'on pourrait résumer le principe de flexibilité. La PNL vous poussera à voir les choses différemment et cela vous sera nécessaire pour surmonter toutes les difficultés. Sur le chemin menant à votre but, beaucoup de choses peuvent se passer, bonnes ou moins bonnes. La vie est en effet imprévisible. Une stratégie qui inclurait toutes les éventualités possibles et imaginables n'existe pas, c'est une utopie. Cependant, vous pouvez être flexible et vous préparer aux différents événements qui pourraient éventuellement se produire.

La PNL peut être d'une grande aide pour avoir une vision flexible, exempte de préoccupations inutiles. Prendre conscience de votre flexibilité vous permet d'aborder les problèmes différemment et d'avancer sereinement vers votre objectif.

Les principes de la PNL

Mais comment fonctionne la PNL? Voici en détail les principes qui caractérisent la PNL, structurent sa philosophie et définissent ses lignes directrices. Ils vous permettront de bien comprendre les mécanismes d'action et les techniques impliqués dans la mise en œuvre de la PNL.

La réponse à l'expérience

Les gens se fient beaucoup aux expériences qu'ils ont eux-mêmes vécues. Cependant, ces expériences ne sont pas forcément le reflet exact de la réalité: il est en fait impossible de savoir ce qu'est la réalité. Nos sens, nos expériences passées et nos croyances nous donnent des indications sur le monde qui nous entoure et, sur cette base, nous faisons des choix et réalisons des actions. Cependant, ces informations peuvent être fausses ou inexactes. C'est ce qui conduira aux imprévus, aux erreurs et aux indécisions, et parfois les conséquences seront très négatives. La PNL agit sur ces informations, les rendant plus adaptables et flexibles.

Le choix

Avoir la possibilité de choisir est mieux que de ne pas avoir le choix. Cette simple affirmation, cependant, n'est pas aussi évidente dans la vie quotidienne. La PNL, lorsqu'elle est bien mise en pratique, vous permet de prendre votre vie en main. Elle vous permet de devenir, de nouveau, maître de vos choix. Vous apprenez à ne plus laisser l'environnement choisir pour vous, et limiter ainsi vos options.

Les gens prennent en effet des décisions en considérant les informations dont ils disposent. La PNL est puissante dans la mesure où elle vous fait prendre conscience d'informations que vous ignoriez. Si vous sentez à l'intérieur de vous que vous devez faire quelque chose, que vous savez que c'est la bonne chose à faire, il est alors frustrant de ne pas pouvoir agir à cause de l'environnement (qu'il soit interne ou externe). Grâce à la PNL, vous faites en sorte d'avoir votre destin, vos choix, en mains. Vous pouvez agir plus librement tout en suivant vos idées, vos connaissances et vos valeurs.

Les stratégies et les actions

Conformément à ce qui précède, tout le monde met en œuvre des stratégies qu'ils considèrent correctes et appropriées sur le moment. Cependant, ces stratégies peuvent être inefficaces ou mal pensées. La PNL améliore notre perception des stratégies. Elle permet de voir les choses différemment, mais surtout elle oriente les actions vers un but spécifique. Les actions et les comportements que nous mettons en place pendant la journée visent tous un but. Le problème est que, parfois, nous ne sommes même pas conscients de ce qu'il est. La PNL permet de ramener notre attention sur le but le plus important qui caractérise notre vie. Ce faisant, nos énergies et nos comportements sont également orientés dans la bonne direction. Grâce à ce principe, il est possible d'éliminer les comportements inutiles, qui ne mènent à rien. Il s'agit là d'un aspect fantastique de la PNL.

Au final, si vous voulez vraiment comprendre quelque chose, il vous suffit d'agir! C'est en forgeant que l'on devient forgeron.

L'inconscient

Les actions que nous effectuons de manière automatique sont traitées par l'inconscient. Cette partie de l'esprit n'est ni mauvaise ni bienveillante, elle agit simplement en fonction des informations, des ressources et des priorités qu'elle possède.

Avec la PNL, vous pourrez prendre la main sur ces processus qui sont autrement difficiles à contrôler. Vous pourrez effectuer les modifications nécessaires pour vous assurer que votre subconscient ne mettra pas en œuvre des comportements qui pourraient nuire aux fonctionnalités de votre esprit et de votre corps. Les possibilités d'interagir et d'harmoniser le travail du corps avec celui de l'esprit sont nombreuses et la PNL n'est pas le seul moyen d'y parvenir. La méditation est également une excellente méthode.

Les ressources

Chaque personne est pleine de ressources et de compétences. Elles sont souvent là, sous nos yeux, mais ne sont malheureusement pas pleinement exploitées. Beaucoup de gens vivent piégés, enlisés et ne parviennent pas tirer le meilleur des ressources et des capacités qu'ils ont à leur disposition. C'est vraiment dommage. La PNL permet de mettre en mouvement ces énergies et ces talents, afin de les faire prospérer et de canaliser la motivation de la personne pour qu'elle utilise ces ressources au mieux. À travers l'esprit et la gestion des comportements, des images, des pensées, vous mettrez en lumière une quantité sous-estimée de possibilités.

Les autres

Il n'est pas possible de penser l'être humain comme un individu seul, loin des autres. Les gens vivent en contact étroit et créent des réseaux de relations extrêmement complexes. Ces relations peuvent avoir un grand impact sur une personne. Pensez à votre moitié, par exemple. Qu'elle ait passé une mauvaise journée à son travail peut suffire à ruiner votre propre journée. Ce n'est là qu'un exemple du poids et de l'influence que les relations peuvent avoir sur votre vie. La PNL vous permet de gérer la communication afin que les messages que vous transmettez soient clairs et adaptés à la personne les recevant.

Comme vous pouvez le voir, la PNL peut faire beaucoup si elle est appliquée de manière appropriée et assidue. Poursuivez la lecture...

Comment la PNL peut vous aider?

Si la PNL est si populaire, c'est parce qu'elle permet d'aider les gens de tant de manières fantastiques, que ce soit dans la vie privée comme au travail: tout le monde peut trouver chaussure à son pied parmi les techniques existantes. Avec la PNL, vous pouvez enfin vous familiariser avec ces nouveaux comportements qui pourraient changer votre vie. Vous pouvez vous débarrasser des mauvaises habitudes qui entravent vos journées et vous empêchent de les affronter sereinement. Elle vous permet d'intégrer des changements, qu'ils soient grands ou petits, dans votre vie quotidienne. Littéralement, peu importe la nature de votre objectif: la PNL peut vraiment être le moteur que vous cherchiez! Regardons de plus près les domaines sur lesquels la PNL peut influer pour faire prospérer votre vie.

Dans la vie privée

Chaque jour, vous faites face à une série de défis qui testent vos capacités, votre patience, votre corps. Ceux-ci font partie de votre vie, ils seront toujours présents. Cependant, il est essentiel d'y faire face de manière adéquate. Est-il possible de perdre du poids et de faire en sorte que votre esprit résiste aux tentations? Comment vous engager à fond dans vos études si vous êtes submergé par d'autres pensées? Comment comprendre vos proches et les soutenir lorsque vous êtes vous-même fatigué ou peu motivé? Il faudrait un miracle!

Essayons plutôt la PNL! Dans les pages suivantes, nous vous donnerons des exemples et des techniques que vous pourrez utiliser directement dans de nombreux aspects de votre vie, à n'importe quelle occasion. L'une des forces de la PNL est sa polyvalence. Nous ne savons évidemment pas ce que sont les comportements et les pensées que vous souhaiteriez changer dans votre vie, cependant, nous sommes confiants que vous trouverez dans la PNL ce dont vous avez besoin pour y parvenir! Avec la PNL, vous trouverez un moyen d'améliorer votre vie quotidienne.

Perdre du poids

Commençons par cet objectif que tant de gens essaient d'atteindre. Être en forme est très important et la santé de votre corps ne doit jamais être sous-estimée.

Dans la perte de poids, la PNL peut vous aider à atteindre les résultats souhaités, sans stress et sans rechute. Ceux qui échouent régulièrement avec les régimes ou les programmes sportifs, peuvent peut-être trouver avec la PNL la méthode parfaite pour perdre du poids. La PNL aide à établir le contrôle sur notre comportement alimentaire dans le subconscient, mais elle ne s'arrête pas là. Elle booste la motivation nécessaire pour effectuer des activités sportives et tous ces exercices, souvent ennuyeux, que vous devez faire pour vous remettre en forme. De cette manière, vous vous rapprochez lentement de votre objectif, mais avec confiance et sans entrave. Le processus de perte de poids est contrôlé sans éprouver de frustration, de crise de boulimie ou de sentiment de limitation. L'important est de fixer un objectif réaliste dès le début. "*Je veux être mince* "ne veut pas dire grand-chose. "*Je veux perdre deux tailles/perdre 8 kg*" est par contre un objectif en adéquation avec la PNL. Votre objectif doit être quantifiable, bien défini et réalisable en petites étapes. Ces étapes intermédiaires sont essentielles pour atteindre un objectif plus large. Le choix du régime est au second plan. La plupart des régimes ont des bases communes : une diminution des calories (manger moins) et l'activation du métabolisme (faire de l'activité physique). Grâce à la reprogrammation du subconscient par la PNL, il est possible de sélectionner les comportements importants pour atteindre votre objectif et, en même temps, éliminer les pensées et toutes les mauvaises habitudes qui vous ont toujours éloigné de votre objectif. De cette manière, il devient possible de perdre du poids sans stress. Très souvent, c'est précisément le stress qui est l'une des principales raisons de l'échec des régimes.

Mettre de côté les mauvaises habitudes

Comme nous l'avons déjà dit, nous ne savons pas précisément quelles sont les mauvaises habitudes qui gâchent vos journées. Nous ne savons même pas si vous en avez. Dans tous les cas, la PNL est là pour vous aider.

Nous utiliserons l'exemple du tabagisme pour parler des mauvaises habitudes. Il s'agit là en effet d'un vice vraiment dangereux pour votre santé et celle de ceux qui vous

entourent. Mais c'est aussi un gouffre financier!
Beaucoup veulent arrêter la cigarette et consacrer leur corps et leur âme à un nouveau mode de vie. Mais après quelques semaines d'abstinence, ils recommencent à fumer. Vous avez beau savoir combien fumer est nocif pour votre corps, la cigarette continue d'être attrayante et vous ne pouvez tout simplement pas y résister. Ceux qui ont toujours fumé et ont essayé d'arrêter, ont l'esprit tourmenté par des pensées telles que "*je ne dois pas penser à la cigarette*" et sont en permanence à la recherche d'autres distractions. Le résultat est que ces pensées finissent par tourner en boucle dans leur esprit, et portent toute leur attention sur ce qu'ils souhaitent justement oublier. À cela s'ajoutent un certain nombre de préoccupations liées à l'arrêt du tabac. Par exemple, vous pourriez être inquiet de prendre du poids en arrêtant de fumer. C'est un effet secondaire relativement fréquent, surtout lorsque les cigarettes sont

substituées par des sucreries et des collations pour évacuer le stress.
Ceux qui veulent vraiment enterrer cette habitude peuvent utiliser la PNL. Les symptômes de l'abstinence seront beaucoup moins visibles et de cette façon, vous n'aurez pas besoin de les combattre. Votre cerveau cessera progressivement d'avoir une raison de se tourner vers la cigarette, et vous n'aurez bientôt même plus envie de fumer. Les produits de remplacement de la nicotine ne seront pas non plus nécessaires dans ce cas, ce qui est une bonne chose compte tenu de leurs effets controversés sur la santé. Renseignez-vous.
Les techniques que nous vous montrerons plus tard fonctionnent tout aussi bien avec d'autres habitudes négatives que le tabagisme. De la même manière, vous pourrez programmer dans votre subconscient de nouvelles pensées positives et des comportements qui amélioreront votre vie.

Interpréter le langage corporel

Les humains sont des êtres communicants. En plus de tous les canaux permettant aujourd'hui de communiquer avec les autres, le langage corporel continue d'être l'un des plus importants. Il révèle souvent bien plus que les mots. La communication non verbale peut transmettre les intentions d'un interlocuteur ou dévoiler les sentiments présents dans le subconscient de ce dernier et dont il n'a même pas conscience. La PNL vous aide à déchiffrer le langage corporel. Grâce aux différentes techniques de programmation neurolinguistique, vous apprendrez à comprendre celui qui est en face de vous. Vous serez en mesure d'entrer en contact et de communiquer d'une façon plus efficace et constructive.

Très souvent, la communication dans la vie quotidienne est un aspect qui a tendance à être sous-estimé. Cependant, les querelles et les malentendus peuvent être un véritable fardeau à supporter. Inversement, communiquer de manière adéquate, comprendre pleinement le message de l'autre dans toutes ses nuances et pouvoir, en même temps, transmettre le sien de la meilleure façon, permet de vivre en harmonie avec sa famille, ses amis, ses connaissances, et ses collègues, malgré les différences qui nous caractérisent.

Découvrir de nouvelles compétences

La PNL aide non seulement à résoudre des problèmes, mais aussi à révéler des compétences qui sommeillaient en vous-même. Nous ne nous référons pas seulement à ces compétences que vous avez déjà pu entrevoir par le passé. Vous avez d'autres talents cachés et inconnus dont vous ignorez totalement l'existence. L'être humain est capable d'accomplir des exploits incroyables quand il est motivé et concentré. La PNL peut vous aider à trouver cet état intérieur qui vous permettra d'aller au bout de vos entreprises et d'exprimer vos capacités au maximum.

Au travail

La PNL peut également être très utile au travail. Dans la plupart des cas, le travail est l'activité qui occupe le plus une personne pendant sa journée. Et il n'est malheureusement pas toujours possible d'affronter cette charge et cet environnement de travail avec autant d'énergie, d'optimisme et de motivation que nous le voudrions. C'est normal, nous sommes des êtres humains, pas des machines. Cependant, si l'environnement de travail devient une source de malentendus, de stress et de frustration, c'est là que commencent les problèmes. Il faut donc éviter cela. Quelle que soit votre profession, la PNL peut vous aider à trouver de la motivation et de la concentration. Elle vous permet d'éliminer cette constellation de comportements qui peuvent nuire à votre productivité.

Cela vaut également pour les études. Même si être étudiant n'est pas littéralement un travail, lire et étudier un texte peut être très difficile pour celui qui manque de motivation ou d'attention. La PNL peut aider à faire de vrais pas en avant en termes de méthode d'étude, d'organisation sur le lieu de travail et aussi dans les relations avec les collègues, les clients et les fournisseurs. Voici quelques exemples.

Les vendeurs

Commençons tout de suite avec l'un des emplois les plus difficiles et imprévisibles: celui de vendeur. Quel que soit le produit que vous vendez, il y aura toujours des difficultés et celles-ci surviennent souvent dans la relation avec le client.

Malgré les meilleures intentions et la motivation, la vente peut être difficile, et si les clients n'achètent pas, vous perdez rapidement confiance en vous-même. Soyez tranquille. La PNL favorise de manière consistante la communication avec le client. Grâce à cela, vous pouvez construire une relation de confiance avec votre client, vous prenez en compte ses observations, son scepticisme et vous comprenez en détail les besoins individuels de chaque personne. Grâce à cela, vous pourrez communiquer de la meilleure façon le potentiel de votre produit.

Les professeurs et enseignants

Ceux dont le travail est de transmettre le savoir, ont déjà reçu des formations concernant la relation élève-enseignant. Cependant, la pratique ne coïncide souvent pas avec la théorie et vous pourriez être confronté à des situations imprévues. Apprendre sur la relation avec les étudiants et comment la gérer alors que vous êtes vous-même étudiant, n'a rien à voir avec le moment où vous vous retrouverez devant une classe de jeunes qui ne se comportent pas du tout comme ce qui était écrit dans vos manuels. La PNL peut être utile au corps des enseignants, elle aide à communiquer les besoins de la classe, mais aussi les besoins individuels de chaque élève, facilitant ainsi la gestion de leur comportement, sans avoir recours aux menaces ou élever la voix: rappelez-vous, quel que soit le message, ces méthodes créent un ensemble de sentiments négatifs chez l'élève (peur, frustration, défi, nervosité, colère) qui sont ensuite bien plus difficiles à gérer qu'un éclat de voix avec votre banquier.

Un bref aparté pour les parents: pour l'éducation des enfants, le même principe peut être appliqué. Avec la PNL, vous apprenez à mieux connaître l'apprentissage humain, ses enjeux, mais surtout à comprendre l'autre personne, en améliorant la communication, dans ce cas, avec votre fils ou votre fille.

Les étudiants

Nous avons aussi pensé à vous dans ce livre. Nous sommes bien conscients de la difficulté de poursuivre un engagement scolaire. La PNL peut faire beaucoup pour vous aussi, en vous donnant des outils utiles pour améliorer votre méthode de travail et obtenir de meilleurs résultats. Se débarrasser des distractions et trouver la motivation peut faire toute la différence.

Les exemples que nous avons mentionnés ici, juste pour vous donner une idée, se rapportent à des emplois où la PNL peut être particulièrement adéquate. Bien sûr, ces techniques sont utiles peu importe le secteur dans lequel vous souhaitez poursuivre votre carrière, et elles peuvent être utilisées dans tous les domaines de la vie. Cependant, trois facteurs sont indispensables pour qu'une technique de PNL soit efficace.

Il s'agit, en premier lieu, d'utiliser la bonne technique au bon moment, et de savoir l'utiliser correctement. Ensuite, vous devez avoir de la volonté, avoir un objectif, un but à atteindre. Enfin, la confiance est cruciale. Ceux qui pensent que la PNL ne pourra rien changer à leur vie, n'obtiendront aucun résultat, même s'ils pratiquent les exercices que nous vous recommanderons.

Ce manuel vous permet de mettre en relation ces trois aspects d'une manière harmonieuse. Vous apprendrez comment toutes les techniques fonctionnent, vous découvrirez quels sont vos objectifs et motivations réels et vous constaterez que derrière la PNL, se cache une force remarquable.

Les croyances

Que sont-elles et comment les rendre positives

Les croyances jouent un rôle important dans nos vies et sont étroitement liées à la PNL. Si vous demandez à quelqu'un quelles sont ses croyances, vous n'obtiendrez probablement pas de réponses très exhaustives. "*Je vis ma vie comme je l'entends, je suis mon coeur.*" Cette réponse stéréotypée et très fréquente, c'est peut-être même aussi la vôtre. La réalité est tout autre. Chaque personne a des croyances profondes qu'elle ne connait pas. Bien que celles-ci ne soient pas toujours évidentes, elles régulent la plupart des idées et des actions de chaque moment de la journée. Dans tous les cas, une croyance peut être correcte ou erronée. Lorsque vous vous fiez à des convictions ou à des croyances erronées, vous pouvez vous retrouver encerclé par la négativité, sans comprendre la manière comment vous en êtes arrivé là.

Mais comment pouvons-nous gérer cet ensemble de convictions et de croyances si elles échappent à notre perception? Comment éviter les conséquences de quelque chose ancré au fond de nous?

Faites un pas après l'autre.

Vous devez tout d'abord identifier vos croyances. Mais d'où proviennent-elles? Elles proviennent habituellement de l'environnement dans lequel nous vivons, de la famille, des voisins, des valeurs de notre culture et des normes avec lesquelles nous grandissons. Pour ceux qui ont des origines modestes, ceux dont la plupart des membres de la famille, en particulier les parents, ont commencé à travailler directement après l'école au lieu de poursuivre leurs études, il semblera normal de faire la même chose. Ne pas faire d'études supérieures après le baccalauréat ne sera pas mal vu par l'entourage. Si les parents ou le cercle de connaissances achètent une maison ou se marient très jeunes, alors cela nous semblera aussi être la norme. Tout ce qui s'écarte de cela nous semblera être une alternative, un point de vue différent. Les croyances sont en tout le monde, certaines sont plus évidentes que d'autres. La chose importante est de prendre conscience de celles que vous ne connaissiez jusque-là que peu ou pas du tout.

Connaître ses croyances

Essayez maintenant de découvrir l'état de vos croyances les plus profondes et les moins claires. De cette façon, vous aurez une meilleure vue d'ensemble et vous comprendrez les domaines sur lesquels vous

devrez apporter une amélioration dans votre subconscient. Pour vous aider, notez également quelques objectifs que vous avez déjà depuis longtemps et que vous voulez absolument atteindre. Ceux-ci peuvent être liés à votre corps, comme une perte de poids quantifiée, liés à l'activité physique (par exemple, approfondir vos connaissances d'un sport) ou liés à une activité mentale, comme l'apprentissage d'une langue étrangère qui vous a toujours intéressé.
Ca y est, votre objectif est clair? Maintenant, réfléchissez aux points suivants:

- Pourquoi est-ce si important pour moi, quelle signification cet objectif a-t-il pour moi et pour ma vie?
- Pourquoi n'ai-je pas encore réussi à l'atteindre?
- Quels sont les obstacles que j'ai rencontrés?
- Comment cet obstacle s'est-il interposé?

Prenons l'exemple de la perte de poids. Dans ce cas, les croyances négatives peuvent être associées à l'échec, au sentiment d'être incapable d'atteindre l'objectif. Cette pensée nourrit une série de croyances négatives sur votre propre personne, des croyances qui alimentent d'autres pensées négatives, déclenchant un cercle vicieux qui est vraiment difficile à briser...sans la PNL. Le cercle vicieux dont nous parlons peut avoir des effets dévastateurs sur la perception que vous avez de votre identité, de vos capacités. Vous risquez de sous-estimer votre potentiel. Grosse erreur: chaque personne est capable de réaliser des choses étonnantes et fabuleuses.

La manière même dont les pensées sont formulées peut avoir des effets néfastes. Les généralisations peuvent induire en erreur les pensées que vous avez envers votre propre personne. Voici quelques exemples pour préciser ce que nous voulons dire: "*tout le monde fait cela*", "*les hommes ne font jamais ça...*""*les femmes doivent toujours...*" Ce ne sont que quelques exemples, mais il en existe de très nombreux. Souvent, ces normes n'ont aucun sens, aucun fondement valable. Elles sont acceptées comme un schéma mental, comme une norme, mais elles sont nocives. Des croyances de ce genre peuvent vous empêcher d'atteindre un objectif avant même d'avoir essayé. Il en va de même pour les proverbes et les dictons. Bien sûr, certains peuvent être extrêmement sages et utiles. Mais d'autres peuvent être nocifs, surtout lorsqu'ils sont utilisés comme excuse ou justification. Les choses ne changeront jamais si vous cherchez à justifier la présence de la négativité. Une croyance s'installe souvent en nous car nous l'entendons, encore et encore, et progressivement elle fait partie de nous sans que nous ayons pris le temps de remettre en question l'intégrité de cette déclaration ou les raisons qui ont conduit à cette hypothèse.

Prenez le temps d'analyser votre histoire, les nœuds de votre vie. Voyez-vous un comportement qui se reproduit? Pouvez-vous

identifier des convictions et des croyances qui pourraient miner votre existence? Avez-vous recours à des pensées et des excuses dangereuses?
Une autre méthode efficace pour déterrer vos croyances personnelles est de prendre une feuille et d'écrire ces débuts de phrase:

1. Je suis toujours mauvais(e) pour...
2. Je n'ai jamais été bon(ne) pour...
3. Je ne réussirai jamais à...

Complétez-les en écoutant vos sentiments et, dans un second temps, demandez-vous quelles en sont les raisons. Pourquoi avez-vous donné ces réponses? Qu'est-ce qui vous conduit à penser ces choses de vous-même? Voici un exemple.

"***Je n'ai jamais été bon en maths.***" **Quand**

avez-vous commencé à penser que vous n'étiez pas bon pour les mathématiques? Ou inférieur aux autres? Probablement à l'école, pendant votre enfance. Demandez-vous si vous étiez vraiment nul en mathématiques ou s'il existe d'autres circonstances qui vous ont amené à croire, jusqu'à aujourd'hui, que vous n'étiez pas fait pour cette matière scolaire. Peut-être que les explications étaient mauvaises, ou peut-être que la manière d'expliquer les choses n'était pas celle qui vous convenait le mieux. Peut-être qu'à la maison, il n'y avait personne pour vous aider. Prenez le temps d'analyser les moments où vous avez eu des difficultés. Vous aurez probablement l'impression d'ouvrir un livre déjà écrit. Il est coutume de penser qu'à l'âge adulte, il est trop tard, que de toute façon, vous n'apprendrez plus rien de nouveau. Ce sont ces idées qui représentent les plus grandes limites et font les pires dommages à votre esprit et à votre croissance.

Avec ces méthodes analytiques, vous prendrez conscience de la présence de certaines croyances que vous n'aviez jamais considérées jusqu'à présent. Puisque ces

croyances sont déjà bien ancrées dans votre vie, il n'est parfois pas suffisant de prendre conscience de leur présence pour les transformer en pensées positives ou même s'en débarrasser. Il y a un peu de travail à faire. En tout cas, en prendre conscience est toujours la première étape. Soyez attentif à la façon dont ces mauvaises croyances affectent négativement votre vie. Elles vous bloquent, vous imposent des obligations et rendent votre vie inutilement difficile.
Lorsque les croyances seront clairement identifiées dans votre esprit, vous pourrez commencer à vous battre et à vous opposer à celles qui ont un impact négatif sur votre vie.

S'opposer aux croyances négatives

Redéfinissez vos objectifs et interrogez-vous d'abord sur les causes. Pourquoi voulez-vous atteindre ce poids? Maigrir n'est utile que dans certains cas, et vous avez probablement des attentes trop élevées. Penser que perdre du poids conduira à une amélioration globale de tous les autres aspects de votre vie est un exemple d'évaluation irréaliste. Dans le cas où votre poids n'est pas de nature à mettre votre santé en danger, peut-être qu'il n'est même pas nécessaire de maigrir. Les croyances négatives de ce genre peuvent être mises à mal grâce à des conseils ou à une conversation avec un spécialiste dans le domaine (dans notre exemple, un diététicien). Avec des informations correctes, vous pourrez utiliser les techniques de PNL pour atteindre un éventuel objectif. Mais veillez à ce que vos attentes ne dépassent pas les limites préalablement fixées. Avec quelques kilos en moins, peut-être que vous pourrez rentrer dans cette magnifique robe qui est dans votre placard depuis des années, ou alors vous serez plus à l'aise lors de vos sorties à la piscine. C'est super, mais ne vous attendez pas à résoudre tous vos problèmes de cette façon. Les gens vous remarqueront probablement davantage si vous perdez du poids, mais à part être flatté, qu'est-ce que

cela vous apportera? Voulez-vous vraiment être jugé uniquement sur votre apparence extérieure? Votre poids a-t-il tant d'importance pour votre partenaire qu'il serait prêt à mettre fin à votre relation si vous prenez quelques kilos?
Vous devez prendre conscience de l'importance et de la signification de vos objectifs. Sans faux espoirs, mais surtout sans se sentir obligé par les autres. Respectez et prenez soin de vous pour le plaisir d'être en bonne santé, en forme et de vivre heureux et longtemps.
En analysant vos croyances, vous constaterez probablement que vous avez donné trop d'importance à certaines d'entre elles et que vous êtes inutilement exposé à des pensées oppressives et à des sentiments négatifs.
Ensuite, demandez-vous si vous avez les capacités nécessaires à la réalisation de vos projets. Dans le cas d'une réponse négative, une explication comme "*Je n'en suis pas capable* "”*Je n'ai pas de talent*“ ou ”*Je ne*

peux pas le faire, dans le passé cela n'a pas fonctionné" est pour nous insuffisante et dénuée de sens. Si vous voulez vous trouver des excuses, il va falloir réfléchir un peu plus. Mais dans tous les cas, nous vous prouverons qu'elles ne sont pas bonnes. Toutes ces croyances négatives et complètement inutiles partent d'un constat que vous faites envers vous-même: je ne suis pas capable de le faire. Ce constat est nocif et dégradant. Il est préférable de vous demander ce qui rend cette chose inatteignable et si vous pouvez modifier cet obstacle pour le franchir à l'aide de nouvelles compétences. Chaque été, votre entreprise organise une course caritative de 4km, et cette année vous souhaitez y participer. Malheureusement, vous ne pensez pas être capable de courir sur une telle distance. Jusqu'à présent, vous n'avez jamais participé à une course de ce genre et vous n'êtes pas un grand sportif. Avez-vous le temps et la possibilité de vous entraîner avant l'été afin de pouvoir courir ces 4km? Peut-être que oui, peut-être que non, et cela dépend de votre emploi du temps, de vos engagements. Toutefois, cela n'a rien à voir avec votre personne. Et tôt ou tard, une deuxième opportunité d'atteindre un objectif similaire se présentera.

Les croyances négatives sont rapidement éliminées si l'on prend le temps de les analyser et de les questionner en détail. Croire que vous n'êtes pas bon pour le sport n'est qu'une supposition exagérée. Êtes-vous sûr qu'elle reflète la réalité? Il y a tellement de types de sports pour lesquels des compétences complètement différentes sont nécessaires. Comment pouvez-vous penser que vous n'êtes pas en mesure de pratiquer l'un d'eux? Et pourtant, beaucoup de gens ont cette croyance. Ces personnes endommagent leur potentiel et leurs capacités avant même de les avoir mis en pratique.

Changez votre point de vue et commencez à vous poser les questions d'une autre manière:

- Comment en suis-je arrivé à cette supposition?
- A quel point en suis-je convaincu?
- Quelles sont les preuves qui l'appuient?
- Est-ce que cela a toujours été le cas même dans le passé, ou c'est seulement maintenant que je me focalise sur les exemples négatifs, faisant l'impasse sur les aspects positifs?

En changeant les questions que vous vous posez, de nouvelles réponses émergeront, différentes de celles que vous vous donniez jusqu'à présent. Cela vous permettra de changer votre façon de voir les choses, de mettre en lumière vos capacités. Soyez honnête envers vous-même. C'est la première étape pour être vraiment soi-même. En analysant vos croyances et en vous posant les bonnes questions pour comprendre comment elles sont nées et comment les traiter, vous serez en mesure d'éliminer les pensées et les croyances négatives qui ruinent vos journées et vous empêchent d'atteindre vos objectifs.

Dans les pages suivantes, nous présenterons d'autres techniques de PNL qui visent non seulement à éliminer ces croyances négatives, mais en même temps à en créer des positives, qui vous seront d'une grande aide pour avancer dans la réalisation de vos objectifs et développer vos véritables compétences. Au lieu de vous laisser aller automatiquement aux pensées inconscientes ou aux comportements qui vous empêchent de réaliser vos objectifs, vos pensées seront programmées pour poursuivre sur le chemin menant au succès et à la confiance. Comment y parvenir? C'est ce que nous allons observer de plus près dans les prochaines pages de ce livre, en décrivant les techniques utiles et leur mise en pratique.

Améliorer la communication

Nous avons vu comment créer une connexion avec notre subconscient. C'est une façon de communiquer avec nous-mêmes, qui peut avoir un impact important sur notre vie. En bref, poser les bonnes questions signifie améliorer la communication avec nous-mêmes.

Le monde de la communication est encore plus complexe si vous considérez les interactions avec les autres personnes qui ont lieu tout au long de votre journée. La PNL peut également vous aider dans ce domaine délicat. Délicat parce que les relations avec les autres dépendent de nombreux facteurs, et une conversation, même superficielle et rapide, peut avoir des effets bénéfiques ou catastrophiques sur nous-mêmes et sur les autres.

Grâce à la PNL, vous comprendrez davantage ce qu'il peut se produire dans le subconscient de vos interlocuteurs. Cela ne signifie pas que vous serez capable de lire dans leurs pensées ou d'envahir leur vie privée. La PNL vous aidera à mieux communiquer vos idées, à vous rapprocher de votre interlocuteur en comprenant ses besoins, ses idées, jusqu'à susciter son intérêt grâce à une communication efficace et dynamique, adaptée à la personne en face de vous.

Cette capacité peut être littéralement vitale pour maintenir une relation saine, gérer un conflit, collaborer vers un objectif commun. La communication non verbale est, en ce sens, d'une grande aide.

La relation créée entre deux interlocuteurs doit partir d'une base de confiance. Et cette base peut être constituée grâce à une combinaison de concepts correctement mis en pratique. Si vous parvenez à vous adaptez à votre interlocuteur de cette manière-là, la communication s'écoulera sans heurt. Celui-ci ne sera même pas conscient des stratagèmes utilisés dans la conversation. Il se sentira à l'aise.

Ce type particulier de communication est composé du "System Pacing" et du "Leading". Le "Pacing" est la première étape. "Pace" signifie "rythme". Il s'agit de s'adapter de manière progressive au rythme de son interlocuteur. Les facteurs à prendre en compte sont notamment les mimiques, la posture, les mouvements et le volume de la voix ainsi que le débit de paroles. Votre objectif est de devenir une sorte de miroir de l'autre, ce qui crée une base solide de confiance dans son subconscient.

Bien sûr, la sensibilité est également importante dans ce processus. Il ne s'agit pas de répéter abusivement chaque geste que l'autre fait: votre but n'est pas de faire le perroquet...Si l'interlocuteur s'en rendait compte, cela conduirait à une méfiance due au sentiment de se sentir imité, voir même moqué. Un autre aspect important du Pacing est de faire en sorte que les gens se sentent à l'aise lorsqu'ils vous parlent. Une dispute impliquant des éclats de voix et des gestes agités, ne pourra qu'avoir une issue négative. Ce mode de communication conduit à une escalade, un cercle vicieux, qui ne mènera nulle part et éloignera tout le monde de l'objectif commun. Si une personne est inquiète, et que vous répondez de manière stressée et agitée, les choses ne s'arrangeront pas. Votre objectif devrait d'abord être d'essayer de comprendre la situation de l'autre personne, puis de lui transmettre un message d'apaisement. Nous vous expliquons comment faire.

Le "Pacing" dans la pratique

Vous pouvez vous exercer avec des amis ou des connaissances. Si vous voulez, vous pouvez même leur expliquer l'exercice que vous essayez de pratiquer et leur demander de temps en temps comment ils se sentent pendant la conversation. Au début, cependant, il s'agit simplement de vous familiariser avec le "Pacing" sans poursuivre de but précis.

Ne perdez pas de vue votre interlocuteur pendant la discussion. Faites-le de manière subtile. Ne suivez pas tous ses mouvements des yeux et ne le scannez pas constamment de la tête aux pieds. Soyez attentif à ses gestes. Si l'autre met ses mains sur la table, attendez environ 30 secondes avant de faire la même chose. Vous pouvez peut-être même introduire de petites variations, comme par exemple mettre vos mains à une distance différente du bord de la table. Votre interlocuteur ne doit pas immédiatement se rendre compte de ce que vous faites. S'il change de position, attendez un moment puis imitez-le.

Ensuite, il s'agit de prêter attention à ses paroles. La vitesse et le volume sont particulièrement importants. Si vous souhaitez dire quelque chose, adaptez votre voix à la façon qu'à votre interlocuteur de parler. Le ton de sa voix, grave ou aigu, doit également être pris en compte. Les "Pacers" plus avancés observent également la respiration de l'autre, puis l'imitent.

Le contenu de ce qui est dit doit également être considéré. Cela ne signifie pas que vous devez continuellement répéter ce que l'autre dit ou partager les mêmes opinions, mais vous pouvez adapter votre discours en étant attentif au choix des mots. Si votre interlocuteur utilise souvent des métaphores, essayez d'en utiliser vous-même quelques-unes. S'il utilise souvent des termes techniques, faites-en de même.

Le "Pacing" fonctionne également bien pour mettre son interlocuteur à l'aise. La nervosité d'un collègue ou d'un client diminue si vous ne restez pas impassible pendant qu'il parle et que vous vous adaptez à son comportement, sans, bien sûr, être nerveux à votre tour. Être compréhensif et proposer des solutions véhicule un sentiment de calme et de sécurité. La première étape, cependant, est de bien comprendre les sentiments de la personne à qui vous parlez.

Gardez à l'esprit qu'il ne s'agit pas de tout répéter comme un perroquet ou d'être la copie parfaite de celui qui se tient devant vous. Vous devrez faire preuve de sensibilité. Vous devrez être très attentif et vous aurez également besoin d'un certain temps avant de pouvoir vous adapter à votre interlocuteur. Évitez de faire les choses à la hâte. Prenez votre temps.

Le Pacing permet de créer une base de confiance entre deux personnes. C'est la base parfaite pour une communication efficace et ciblée, basée sur l'interlocuteur. Cela nous conduit à l'étape suivante: le Leading.

A ce stade, vous avez mis en place un Pacing efficace. Arrive le moment où c'est à votre tour de parler à l'interlocuteur d'une chose importante. Vous avez créé les conditions idéales pour que l'attention construite et la collaboration communicationnelle se tournent vers le sujet que vous souhaitiez aborder.

En quelques mots, cet exercice est une sorte de danse du comportement et des mots.

Au début, vous devrez être attentif aux mots, à la communication non verbale et au comportement de la personne en face vous. Synchronisez-vous avec les mouvements de l'autre personne, adaptez-vous, faites-les vôtres, prenez votre temps. Le but de cette première partie est de faire en sorte que la personne devant vous se sente à l'aise, de lui faire comprendre que vous portez une grande attention à ce qu'elle dit, que ses paroles sont importantes et qu'une confiance mutuelle est établie. Une fois que cette base est solide, vous serez vous aussi en mesure d'exposer votre idée. A ce moment-là, vous aurez bien entendu écouté l'autre personne, vous aurez compris ses idées et ses humeurs, et vous

serez prêt à exprimer vos idées et à prononcer votre discours dans des conditions idéales. Votre auditeur rendra la confiance qui a été créée et surtout prêtera attention à vos paroles comme vous avez prêté attention aux siennes.
Dans une conversation dynamique comme celle créée par un Pacing & Leading bien utilisés, vous pourrez parler littéralement de n'importe quoi, et obtenir d'excellents résultats. C'est particulièrement le cas lorsque vous essayez d'aider une personne, de résoudre un conflit ou de poursuivre un travail de collaboration vers un objectif commun.

Exercez-vous, pratiquez beaucoup.

Les autosuggestions

(Programmez-vous pour réussir)

Rassurez-vous, il ne s'agit pas là d'une expérience mystique. Les autosuggestions visent à reprogrammer notre subconscient. Il s'agit de fixer un objectif si fermement dans notre esprit que nous pouvons toujours le voir très clairement. Que vous souhaitiez réaliser quelque chose que vous avez déjà réalisé dans le passé, comme être capable de rentrer dans un vieux jean, changer quelque chose dans votre attitude ou atteindre un objectif complètement nouveau, votre subconscient doit en être convaincu. Il doit faire sien cet objectif et l'avoir continuellement à portée de main. En ce sens, les autosuggestions (nous verrons bientôt ce qu'elles sont) sont le ciment qui permet d'ancrer cet objectif en vous. Le but est de recréer une sorte de boussole de motivation, qui vous permettra de rediriger vos énergies vers votre objectif quand une distraction se met en travers de votre chemin.

Si vous n'êtes pas encore convaincu de la force de l'autosuggestion positive, peut-être que cela vaut la peine de vous montrer à quel point les autosuggestions négatives peuvent être résistantes et nocives. Les croyances que nous avons mentionnées auparavant fonctionnent bien souvent comme des autosuggestions négatives. Imaginez que vous faites un travail acharné pour apprendre une langue. C'est simple, *vous n'arrivez pas à apprendre l'anglais, vous n'arrivez pas à aligner deux mots*. Une telle pensée crée une base potentiellement destructrice. Si vous vous trouvez dans une situation où, tout à coup, vous devez parler anglais, cette phrase vous reviendra immédiatement à l'esprit. Et parce que vous vous êtes fortement convaincu que "*ça a toujours été ainsi*", alors vous entrerez dans un état d'embarras et baragouinerez des excuses au lieu de trouver les bons mots. En bref, une croyance crée un état émotionnel négatif qui va affecter les performances de la mémoire et de la production verbale.

L'exemple le plus frappant de la force de l'autosuggestion est l'utilisation qu'en a faite le pharmacien français Coué au 19ème siècle. Un patient avait en permanence des douleurs. Il ne faisait pas confiance à son médecin et son état ne s'améliorait pas malgré la prise de médicaments. Lorsque ce patient, qui avait confiance en Coué, lui demanda un traitement, il lui donna une substance (dont le pharmacien savait qu'elle n'avait aucun effet) et lui dit qu'avec ce médicament, il se sentirait immédiatement mieux. La condition de l'homme s'améliora rapidement. Cette personne était convaincue des paroles de Coué et se répétait à lui-même qu'il se sentirait bientôt mieux. Cet exemple ne signifie pas que vous pouvez surmonter toutes les maladies avec une pensée positive et que vous ne devriez pas prendre de médicaments, et qu'un placebo peut guérir tous les maux. Cependant, il montre à quel point l'attitude intérieure a une influence sur la guérison. De bonnes paroles ne sont probablement pas suffisantes, mais la simple prise de médicaments n'est pas non plus toujours la solution. La tête, l'esprit et l'âme participent également à la lutte contre les maladies.

Tout comme les autosuggestions peuvent contrer la douleur physique, elles sont également capables d'éliminer les obstacles qui, au fil du temps, se sont érigés dans votre esprit. Dans ce cas, nous parlerons de résolutions et leur but est de confirmer vos objectifs. Précisément, ces confirmations devraient être une partie importante de votre vie quotidienne. Ce sont elles qui se transformeront par la suite de pensées en réalités.

Prenez tout le temps dont vous avez besoin, au début, pour planifier vos objectifs. Quel que soit l'objectif, du désir de pratiquer un sport à celui d'avoir plus confiance en soi. Tout objectif est louable. Choisissez l'objectif qui est le plus significatif pour vous. L'important, c'est qu'il ait un sens et que vous connaissiez les motivations intimes qui vous lient à cet objectif.

Veillez à formuler vos objectifs de manière positive. Donc, au lieu d'utiliser des formules négatives, utilisez des phrases positives, comme “ je veux augmenter mon estime de soi” Les résolutions ne devraient pas contenir de mots négatifs. Votre subconscient ne devrait pas être lié à des mots dégradants pour votre personne. Efforcez-vous de vous concentrer uniquement sur les choses positives, pour qu'elles puissent agir le plus efficacement possible. Formulez la résolution de manière à percevoir la véritable motivation

et à être satisfait du résultat rien qu'en lisant la phrase.
Ce qui importe le plus, c'est que l'objectif ait un sens pour vous et que vous fassiez de votre mieux pour l'atteindre. Si au fond de vous, cet objectif ne soulève pas de motivation réelle ou si vous n'en voyez pas le sens, les résolutions ne seront pas d'une grande aide. Comme nous l'avons déjà dit, la PNL ne consiste pas seulement à vous convaincre de quelque chose. Elle permet surtout de faire ressortir ce qu'il y a de meilleur en vous.
Si vous voulez atteindre davantage d'objectifs, vous devez commencer par des objectifs simples, surtout si la PNL est un domaine nouveau pour vous. Ne vous lancez pas dans trop de choses à la fois, car si vous ne réussissez pas, la frustration prendra le dessus. Il est également important de rester réaliste et de travailler étapes par étapes. Ceux qui fument beaucoup feraient mieux de commencer par réduire le nombre de cigarettes plutôt que d'essayer d'arrêter d'un

seul coup. Essayez de ne pas vous fixer de limite de temps pour atteindre vos objectifs! Vous voudrez certainement atteindre votre objectif le plus tôt possible. Mais essayer de franchir la ligne d'arrivée dans deux mois ou avant les vacances n'ajoutera pas de valeur à vos résolutions. Les croyances et les comportements positifs doivent être fixés en vous sur le long terme. Les deadlines sont des obstacles dans ce cas.

La relaxation

Prenez une demi-heure ou une heure pour vous détendre, sans être dérangé par personne. Trouvez votre espace et détendez-vous. Mettez-vous aussi à l'aise que possible, asseyez-vous sur une chaise en prenant soin de votre posture. Votre dos doit être droit, la plante de vos pieds bien en appui sur le sol et vos bras posés sur vos jambes. Aucune partie de votre corps ne doit être croisée (ne croisez ni les jambes, ni les bras): ce type de posture traduit des attitudes et des comportements de fermeture qui peuvent ralentir et rendre moins efficace la relaxation et l'ouverture aux idées et aux pensées.

À ce stade, rejoignez le pouce et l'index de votre main gauche... nous allons vous expliquer pourquoi dans quelques instants. Fermez les yeux, respirez calmement et régulièrement, jusqu'à ce que vous oubliiez tout autour de vous. Maintenant, répétez-vous (peu importe que ce soit à voix haute ou dans votre tête) que vous ressentez une sensation de lourdeur se propager lentement dans tout votre corps, des pieds jusqu'au bout des doigts. Concentrez-vous sur ce sentiment, jusqu'à ce que vous le ressentiez vraiment. Vous sentirez que, progressivement, tout votre corps deviendra chaud, lourd et l'environnement vous entourant s'effacera complètement. Vous seul serez toujours présent.

Dès que vous vous trouverez dans cette situation, pensez à vos objectifs. Récitez vos résolutions. Par exemple, "*je veux avoir plus confiance en moi-même*". Puis développez cette résolution : "*je fais ce qui me semble être approprié*" "*je fais les choses qui je pense sont importantes pour moi et qui me plaisent, indépendamment de l'opinion des autres*", "*je sais ce dont je suis capable et j'apprends constamment de nouvelles choses*". Si cela vous aide, vous pouvez également mettre une musique d'ambiance calme. Ensuite, sortez lentement de cet état de relaxation. Faites-le progressivement, ne vous levez pas d'un seul coup, n'arrêtez pas soudainement l'exercice. Remarquez comment la lourdeur s'estompe lentement, comme si vous vous réveilliez d'un sommeil profond. Enfin, ouvrez les yeux, respirez profondément et levez-vous.

Cette technique de relaxation peut être extrêmement utile pour plusieurs raisons. Tout d'abord, elle amène le corps dans un état de calme qui favorise les pensées positives et l'imagination: votre esprit sera libre et détendu. Les avantages s'étendront également au reste du corps, il s'agit d'un coup de pouce pour le bien-être.

Ah oui! Et nous avons presque oublié de vous expliquer pourquoi nous vous avons imposé la position particulière des doigts de la main gauche. Cette technique particulière est appelée *ancre*, comme celle des navires. En bref, on associe à un comportement particulier, un certain état psychophysiologique, dans ce cas, le sentiment de relaxation.

Le but de cette astuce est double. Tout d'abord, il va vous permettre, petit à petit, d'entrer dans un état de relaxation de plus en plus rapidement, et surtout, dans une relaxation plus profonde et plus efficace. Ensuite, il s'agit d'une technique de relaxation que vous pouvez emporter avec vous à tout moment de la journée. Si vous vivez une période particulièrement stressante ou que vous êtes mal dans votre peau, vous pouvez, à tout moment, utiliser cette "ancre" pour trouver un moment de paix et de détente.

Bien sûr, vous pouvez construire une ancre pour chaque humeur. Par exemple, pendant que vous faites une activité que vous aimez particulièrement et que vous vous sentez très heureux, vous pouvez choisir d'ajouter un geste de la main (par exemple, joignez votre pouce et votre petit doigt ou serrez votre poing pendant un moment...c'est à vous de choisir). Lentement, ce geste sera associé à un sentiment agréable que vous ressentez dans les moments dédiés à votre passe-temps et vous aurez à votre disposition une petite dose de bonheur portable.

Les techniques de PNL

La PNL englobe plusieurs méthodes. Selon ce que vous voulez réaliser avec la PNL, il existe certaines techniques qui servent des objectifs précis: éliminer certaines peurs, mettre de côté les comportements qui vous gênent. Ces techniques n'ont pas pour but de vous aider à convaincre votre esprit et votre subconscient dans les moments difficiles. Elles sont là pour faire en sorte que vous réagissiez de la bonne façon, de manière automatique (avec de l'entraînement bien sûr).

Examinons maintenant de plus près ces différentes techniques.

Swish

Débarrassez-vous des comportements nuisibles!

La méthode Swish est l'une des plus populaires et vous pouvez la pratiquer confortablement à la maison. L'objectif principal est d'éliminer les sentiments et les comportements négatifs, de les remplacer sur le long terme par des sentiments plus forts et positifs. Le verbe swish signifie, en anglais, agiter ou déplacer quelque chose d'avant en arrière, effacer mais aussi siffler. Dans le cas de cette méthode, c'est précisément cette signification qui est voulue.

La méthode Swish fonctionne en prenant une émotion négative, une situation qui vous rend mal à l'aise et qui provoque des sentiments négatifs en vous. Que le problème lié à cette situation soit grave ou non, peu importe. La situation peut appartenir au passé, à l'avenir ou simplement faire partie de vos préoccupations.

D'abord, vous devez faire l'inventaire de tout ce qui provoque de l'inconfort. Essayez d'imaginer la situation avec le plus de détails possibles. Utilisez tous les organes sensoriels qui pourraient intervenir dans cette situation. L'important est de ressentir clairement les émotions négatives. Alors que vous visualisez et revivez la situation intérieurement, son intensité doit être maximale. Vous avez maintenant une image clé devant les yeux.

Passons maintenant à une image positive et agréable. Il peut s'agir, par exemple, d'un moment où vous travaillez en harmonie, avec efficacité, ou pendant que vous effectuez une activité qui, pour vous, est particulièrement agréable, un moment où vous gérez un problème d'une main de maître, ou simplement une belle image de vous-même, de préférence un souvenir. Même cette image doit être aussi réelle que possible à l'intérieur de vous, en utilisant tous vos sens, jusqu'à ce que cette idée agréable esquisse un sourire sur votre visage.

La troisième étape consiste à imaginer les deux situations précédentes à l'intérieur d'un cadre, sur une toile. L'image négative occupe actuellement une plus grande place. L'image positive est plus petite, mais elle est tout de même visible sur la toile, par exemple dans un coin.

Maintenant, venons-en réellement au Swish. C'est le moment crucial. La plus petite image, sur laquelle sont présentes des émotions fortes et positives, se déplace maintenant vers le centre et s'agrandit. Imaginez cela comme une présentation PowerPoint, où une image prend la place de l'autre et l'image positive se déplace au premier plan. L'image négative rétrécit et est reléguée dans un coin, jusqu'à ce qu'elle devienne floue et lointaine.

L'important est d'effectuer ce processus très rapidement. Vous échangez les situations grâce à un Switch rapide. À cette occasion, il peut être très utile d'accompagner cet

échange dans l'esprit, d'un bruit similaire à un sifflement.
L'astuce derrière cette technique? Il est très facile de représenter des états émotionnels complexes dans notre tête avec des images. En changeant les images, l'état émotionnel change également. C'est une méthode fantastique pour transformer des émotions négatives en émotions positives et se concentrer sur les forces et le succès.
Pour que ce processus devienne un automatisme, il est nécessaire de le répéter de nombreuses fois pour l'ancrer fermement dans notre esprit.
Cette méthode est très facile à appliquer et est très efficace pour travailler sur de petits problèmes de comportement quotidiens. Malgré tout, il faut de la patience. Il faut de la patience non seulement dans le processus de répétition de l'exercice, mais aussi pour la force imaginative que cet exercice requiert. Pour les créatifs qui s'abandonnent souvent à leurs pensées et leurs rêves, il ne sera probablement pas difficile de créer une image

visuelle. D'autres, au contraire, auront besoin de plus de temps avant de maîtriser cette étape de la technique. Prenez votre temps pour créer des images percutantes dans votre esprit afin que vous puissiez atteindre votre but.

Comment savoir si le Switch a fonctionné

Testez l'efficacité de la technique en mettant la situation en pratique. Vous comprendrez ainsi si la PNL a fonctionné pour éradiquer ce comportement.

- Il peut arriver que tout ne fonctionne pas parfaitement, mais vous remarquerez sûrement des améliorations. Dans ce cas, vous êtes sur la bonne voie et vous atteindrez sûrement votre objectif avec quelques exercices supplémentaires.
- L'image négative n'est plus aussi présente, aussi proche. Avant, cette image apparaissait dans vos pensées de manière automatique. Maintenant

vous devez faire un effort pour vous en rappeler et revivre les émotions négatives qu'elle porte.

Le Swish dans la pratique

La situation, que nous avons mentionnée ci-dessus, peut représenter n'importe quoi. Prenons comme exemple une conférence. Tenir une conférence n'est pas donné à tout le monde et pour beaucoup, c'est une cause de stress et d'anxiété. Vous pensez automatiquement à un résultat négatif, surtout si dans le passé, vous avez eu de mauvaises expériences dans ce domaine.

Imaginez avec soin la situation et tous ces aspects négatifs. Vous êtes devant un public silencieux, vous êtes très nerveux, vous êtes coincé, contracté, vous souhaiteriez être ailleurs et vous avez vraiment hâte que tout cela soit fini.

Après cette mauvaise image, essayez d'imaginer une issue positive à cette même conférence. Vous connaissez bien le sujet et vous faites participer le public qui vous écoute. Vous impressionnez vos auditeurs avec vos connaissances et la possibilité de transmettre vos connaissances sur un sujet qui vous tient à cœur, vous rend heureux. Vous devriez ressentir de la satisfaction et du bonheur en pensant à ce moment. L'image montre comment vous dominez la situation et les autres aussi peuvent voir que vous êtes clairement à l'aise. Pourquoi les choses ne se passeraient-elles pas bien?

Dans votre tête, faites rapidement l'échange entre les deux images. Avant, l'image de l'échec était au premier plan. Maintenant, dans un sifflement rapide, la situation idyllique qui vous fait ressentir force et sentiments positifs se retrouve devant vos yeux.

Avec la méthode Swish, c'est avant tout une image positive de vous-même que vous créez. Cela n'a rien à voir avec de l'orgueil. Pourquoi seriez-vous moins capable que les autres? Pourquoi auriez-vous systématiquement moins de succès qu'eux? Imaginez que vous

êtes une personne pleine de ressources, une personne qui connaît son sujet. Il peut être très utile de revenir sur cette pensée en dehors des exercices. Par exemple, vous pouvez utiliser cette image pour revenir sur des événements passés.
La méthode Swish aide principalement à renforcer l'estime de soi et à renforcer les croyances positives. Vous pouvez également l'utiliser pour remplacer certains comportements indésirables, comme par exemple l'habitude de se ronger les ongles.

Une technique contre les phobies

Avec les phobies, nous avons affaire à des troubles liés à l'anxiété. Nous parlons de trouble car l'objet dont nous avons peur est en réalité inoffensif. Le réflexe provoquant l'anxiété ne peut pas être contrôlé. Un stimuli provoque automatiquement un effet (la réponse), dans ce cas, négatif. La réponse fonctionne toujours de la même façon. Les

effets d'une phobie peuvent être un rythme cardiaque rapide, des vertiges, des nausées.
Les phobies peuvent avoir des effets très négatifs sur nos vies, par exemple, la peur du vide. D'autres fois, les conséquences seront moins handicapantes, comme dans le cas de la peur des araignées. Vous n'êtes en effet pas confronté à des araignées tous les jours! Le fait est que cette peur intense est complètement absurde. Les gens peuvent également développer une phobie des requins sans jamais en avoir rencontré un seul. Mais les films d'horreur et les articles horribles sur ce sujet font naître des préjugés, nous faisant croire que les requins pourraient nous attaquer, dès que nous mettons un pied en mer.
Les phobies font partie de notre vie et rendent des situations non dangereuses inutilement difficiles. C'est une bonne raison de s'en débarrasser, quel que soit l'objet sur lequel elles portent. La PNL, comme technique de lutte contre les phobies, a pour

but de supprimer ces troubles anxieux étape par étape.

Pas de panique: pour mettre cette technique en pratique, vous n'avez pas besoin de grimper sur un gratte-ciel ou de scruter votre garage à la recherche d'une araignée. Cette technique de PNL repose sur le principe qu'il n'y a pas de différence entre l'expérience réelle d'une situation et son image mentale. La réponse à l'image est tout aussi forte et négative qu'une confrontation réelle à l'objet de votre peur. Mais il est essentiel d'imaginer soigneusement la situation dans votre esprit.

L'exercice fonctionne en changeant les sous-modalités dans la situation imaginée. Cela conduit à un changement définitif. Dans ce cas, votre subconscient intègre le fait que la cause et son effet n'ont pas de lien. En outre, une observation dite dissociée, de la situation, a lieu. Pendant l'exercice, l'événement est observé de l'extérieur, sans y prendre part. De cette façon, les émotions négatives liées à la phobie seront moindres.

Ça, c'est la théorie. Dans la pratique, voilà comment vous devrez procéder.

Exercice pour éliminer les phobies

Cet exercice fonctionne mieux si une autre personne vous aide à entrer dans la situation en vous guidant avec les indications suivantes, pendant que vous gardez les yeux fermés.

Tout d'abord, représentez-vous la situation dont vous avez peur, par exemple la rencontre directe avec un insecte, la confrontation avec le vide en haut d'une falaise, etc.

Maintenant, imaginez que vous êtes dans une salle de cinéma, vous vous faufilez dans les rangées pour choisir un endroit où vous asseoir. Imaginez la situation avec soin, avec tous les détails que vous connaissez d'une salle de cinéma, le sentiment d'être assis dans un siège confortable, l'odeur (pop-corn), le grand écran encore noir devant vous. Plus tard, sera projeté sur cet écran le film qui représente la situation provoquant chez vous des troubles anxieux. Cette partie est appelée

dissociation, c'est une observation de l'extérieur.
Maintenant, passons à la double dissociation, en séparant l'esprit du corps, et en devenant vous-même le projectionniste qui vous observe pendant que vous êtes là, au milieu de la salle, à regarder un film.
Le film a commencé, mais il est en noir et blanc. Il n'y a encore rien de menaçant à l'écran. Progressivement, la scène de la situation phobique se rapproche. En tant que projectionniste, vous vous observez regarder le film, vous êtes en sécurité. Avant le pic d'anxiété, c'est-à-dire le moment où l'image de la confrontation vous crée le plus d'inconfort, vous arrêtez le film. Le film se bloque sur cette image, comme si vous aviez appuyé sur pause. Il est important que vous arrêtiez le film avant le point culminant de la phobie et non pendant.
Maintenant, entrez dans cette image, entrez directement dans le film, de manière à être présent dans la scène. Le film est toujours sur pause. Au lieu d'appuyer sur lecture,

vous faites marche arrière et le film passe en couleur. Essayez d'imaginer en détail cette marche arrière, avec des images dorénavant en couleur. Vous vous éloignez de la situation stressante jusqu'à revenir à la scène du début, quand tout allait bien.
Puis vous revivez encore plusieurs fois toute la scène à partir de laquelle le film en noir et blanc avait commencé.
Ici aussi, vous devez faire preuve de patience et pratiquer autant que possible. Vous devez entraîner votre imagination car il se peut qu'au début, tout ne se passe pas comme prévu.

Reframing

Frame est le mot anglais pour "cadre" et dans cette méthode de PNL, il s'agit de créer un nouveau cadre pour les choses. En termes simples: voir le côté positif des événements négatifs, parce que chaque chose possède un aspect positif. C'est comme pour le verre:

vous pouvez le voir à moitié plein, le côté positif, ou à moitié vide, le côté négatif.
La méthode Reframing stimule l'estime de soi et programme notre subconscient vers le succès et la motivation. A la place des problèmes, nous voyons des solutions. Il ne s'agit pas seulement de se répéter les choses ou de s'en convaincre. Cette technique vous permet de réellement changer vos perspectives de manière positive.
Les visions négatives surgissent souvent spontanément et provoquent naturellement une émotion négative. Cela nous met non seulement en colère, mais cela nous paralyse également et nous empêche de continuer notre route ou d'explorer de nouveaux sentiers. Souvent, de ces situations découle la colère, celle-ci pouvant persister longtemps et inutilement.
Bien sûr, il ne s'agit pas là de minimiser, par cette méthode, tous les événements tragiques de la vie, et nous ne sommes pas non plus là pour vous manipuler. Les sentiments négatifs appartiennent également à la vie et

ne peuvent pas toujours être supprimés, surtout en se mentant à soi-même. Donc, il n'est pas question de tomber dans l'autre extrême et de voir tout en rose.

Il ne s'agit pas seulement de voir le côté positif. Il s'agit aussi d'être proportionné et de reconnaître combien de frustration et de colère cette situation a provoqué dans votre vie. Par exemple, il y a une énorme différence entre perdre une veste et perdre un portefeuille rempli d'argent, de cartes et de documents.

Même se laisser aller à des sentiments négatifs, dans un premier temps, fait partie du jeu. Autorisez-vous à ressentir la frustration, la déception ou la colère. Dans un second temps, cependant, vous devrez être en mesure d'analyser objectivement la situation. Si vous restez toute la journée en colère à cause de cette veste, elle ne reviendra pas pour autant et vous ne vous ferez aucun bien à ressasser cette mésaventure. Au contraire, vous dépenserez de l'énergie inutilement alors qu'elle pourrait

être utilisée pour d'autres choses plus importantes.
Voici un exemple de la façon dont vous pourriez changer le cadre d'événements négatifs.

Exercice de Reframing

Pensez à un événement qui s'est produit au cours des derniers jours et qui vous a causé de la colère ou de la frustration, peu importe l'ampleur du problème. Par exemple, vous avez trouvé un magnifique pantalon et vous vouliez l'acheter à tout prix. Malheureusement, votre taille n'était plus disponible. Une personne, devant vous, a pris le dernier exemplaire de cette taille et il n'est pas possible de le commander. Vous êtes déçu et en colère de ne pas être entré dans cette boutique quelques minutes plus tôt. C'est une réaction naturelle. Mais seulement dans un premier temps. Cela ne devrait pas être gravé dans votre mémoire comme un événement négatif. Qu'en est-il

des 50 euros que vous avez économisés? Êtes-vous allé au restaurant avec des amis ou avez-vous acheter quelque chose d'autre? Essayez de voir la situation dans un contexte plus large et pensez aux choses positives qui ont découlées de cet événement.
Cette technique peut également être utilisée pour des problèmes plus importants. Vous avez, par exemple, été licencié il y a quelques années. Cet évènement est encore douloureux dans votre mémoire et lorsque c'est arrivé, vous avez éprouvé des émotions négatives fortes. Mais ce qui s'est-il passé depuis ce jour-là? Vous avez rencontré de nouveaux collègues et avez construit de nouvelles amitiés dans votre nouveau travail. Vous avez accumulé de nouvelles expériences, et sûrement beaucoup d'autres choses positives liées à ce travail.
Le processus est donc toujours le même: permettre à la réaction d'avoir lieu, puis l'observer dans un nouveau contexte. Soit vous trouvez un côté positif à l'événement qui vous était apparu négatif au premier abord,

soit vous considérez un nouveau contexte, dans lequel vous vous rendez clairement compte que cela ne valait pas la peine de se mettre en colère et que les conséquences ne sont pas si graves.

Après tout, chaque événement est source d'opportunité, à l'exception de situations extrêmes telles qu'un accident ou la perte d'un être cher. La méthode PNL nous aide à devenir plus optimistes. Nous n'avons plus le sentiment d'attirer les choses négatives. Au contraire, chaque événement est un cadeau offrant de nouvelles possibilités de changements positifs. Parfois, ce n'est même pas la chose elle-même qui est négative, mais plutôt notre point de vue.

Paix Future

Avec cette méthode, nous regardons vers l'avenir, ou plutôt vers un avenir potentiel qui s'avère très positif. Nous allons prendre un exemple concret, dans lequel vous êtes au centre de l'attention. Il est normal d'être nerveux avant un événement important. Parfois, l'attente est un moment vraiment négatif étant donné l'anxiété et l'inquiétude qu'elle provoque. Nous imaginons souvent ce qu'il pourrait se produire de pire. Cela affecte souvent notre capacité à agir dans cette situation. Les émotions négatives nous submergent et nous ne parvenons pas à être aussi incisifs et talentueux que nous devrions vraiment être.

Ici aussi, le travail sur la visualisation est central. Supposons que vous vous préparez pour un entretien d'embauche. Vous voulez à tout prix le poste et vous paniquez à l'approche du moment fatidique, imaginant tous les résultats négatifs possibles, y compris celui de ne pas être pris. Réduire vos attentes, ce n'est pas la même chose que prédire un échec.

Analysez la situation dans votre esprit et faites marcher votre imagination. Imaginez, par exemple, que vous êtes en chemin pour vous rendre dans l'entreprise, que vous montez dans le bus ou dans votre voiture.

Vous arrivez à la réception et vous vous retrouvez dans le bureau de votre futur employeur potentiel. Maintenant, essayez d'imaginer tous les détails, tels que le verre d'eau qu'il vous offre, la pièce dans laquelle vous vous trouvez, la manière dont vous êtes assis en face du chef de département (à ce moment, il est utile de réunir autant d'informations que possible sur le travail, par exemple, en allant sur le site web de l'entreprise afin de pouvoir visualiser le visage des autres). Les phrases qui seront probablement prononcées pendant l'entretien, vous ne devez pas seulement les imaginer comme des phrases écrites, mais bien comme de phrases prononcées par une personne. La situation doit être aussi réelle que possible. Les couleurs, les sons, les odeurs.

Et bien sûr, essayez de gérer au mieux la situation dans le film que vous imaginez. Jusqu'à ce que vous atteigniez le résultat souhaité, dans ce cas, un entretien réussi et une proposition d'embauche.

Puisque vous imaginez la situation de la manière la plus réelle et détaillée possible, elle ne vous semblera pas étrange et inconnue le jour venu. Votre esprit sait déjà à l'avance ce à quoi il aura à faire face. Vous n'aurez qu'à concentrer vos pensées sur un résultat positif et la réalisation de l'objectif. Les comportements et les réactions que vous espérez obtenir de l'événement, se produiront ainsi naturellement et automatiquement.

Les exercices de Paix Future doivent être répétés plusieurs fois et il est même conseillé d'envisager plusieurs scénarios afin d'être vraiment préparé à tout. Cette méthode de PNL peut être utilisée pour la plupart des événements où une issue positive est très importante pour vous. De cette façon, vous réduisez non seulement la nervosité et les peurs, mais vous approchez aussi l'événement avec davantage de motivation et de conviction. C'est la bonne attitude intérieure à avoir pour réussir, sans que vous ayez à vous convaincre continuellement que tout ira bien. Vous avez maintenant les bons

outils à votre disposition pour utiliser cette technique. A présent, vous pouvez l'adapter à vos situations personnelles.
Bien sûr, cela fonctionne aussi parfaitement pour les choses que vous n'êtes pas obligé de faire. Vous n'êtes pas obligé d'apprendre à jouer d'un instrument, mais c'est un rêve que vous avez depuis longtemps? Avec la Paix Future, vous trouverez enfin la motivation et la satisfaction en vous-même plus facilement.

La PNL...et pas seulement

La puissance de la PNL est augmentée lorsqu'elle est combinée à d'autres techniques et stratégies pour améliorer la vie quotidienne. D'un côté, vous pouvez exploiter les techniques de PNL pour éliminer des comportements et des habitudes négatives, mais vous pouvez aussi les remplacer par des comportements positifs qui peuvent être utilisés dans n'importe quelle discipline.

Nous avons choisi l'exemple de l'étude et de la préparation d'un examen important. Mais vous pouvez utiliser ces étapes pour toutes les activités, quelles qu'elles soient. Vous comprendrez mieux en poursuivant la lecture...

L'examen d'histoire

Nous avons choisi cet exemple pour qu'un maximum de personne puissent s'y identifier. Même si votre attention est prise par la préparation d'un examen, nous allons vous montrer qu'il est possible de tirer le meilleur parti de la PNL et de certaines techniques (dans l'exemple, des techniques de mémorisation) afin de les utiliser pour votre vie quotidienne.

Agir sur l'environnement

Avant d'aborder toute activité du point de vue de la PNL, préparez l'environnement autour de vous. Supprimez toutes les distractions et tout ce qui ne vous est pas utile. Après avoir arrangé l'environnement qui vous entoure, rassemblez tout le matériel dont vous avez besoin pour exercer votre activité. Tous les livres, notes, crayons, stylo, gomme... bref, tout ce dont vous avez besoin doit être à portée de main. Si vous n'étudiez pas mais que vous vous préparez à effectuer un autre type d'activité, il en va de même: vous devez tout avoir à proximité de vous. Enfin, si vous n'avez pas d'activité particulière à entreprendre à part travailler sur vous-même, vous avez déjà tout ce dont vous avez besoin.

La relaxation

Lorsque l'environnement autour de vous sera exempt de distractions et que vous aurez tout ce dont vous avez besoin, commencez par utiliser la méthode de relaxation que nous avons expliqué ci-dessus, assis sur la chaise sur laquelle vous allez travailler.

Votre but est d'entrer dans un état de relaxation, de calme et de prédisposition mentale adapté à la réalisation de tout type d'activité. Vous serez concentré, actif et prêt à travailler. Utilisez votre ancre pour entrer dans cet état mental.

Mettons-nous au travail!

Bien, à ce stade, vous êtes prêt et pouvez commencer à faire n'importe quelle activité! Mettez en pratique les techniques de PNL décrites ci-dessus si vous devez travailler sur vous-même, utilisez le problem solving pour chercher des solutions alternatives aux problèmes de votre journée, affrontez votre phobie en utilisant des images: faites ce que vous voulez!

Les étudiants, quant à eux, peuvent ouvrir les livres et cahiers. Nous allons maintenant vous donner quelques astuces pour approfondir des techniques de mémorisation et d'apprentissage, qui pourraient vous être utile.

Étudier efficacement

Un étudiant qui a du mal à se souvenir des dates historiques n'est certainement pas une chose rare! Nous avons toutefois une solution pour améliorer cela.

Le secret est de raisonner et de mémoriser les notions grâce à des images. Vous avez peut-être déjà entendu parler de cette technique. Ici, nous allons vous expliquer comment l'utiliser.

Les techniques que nous allons détailler dans les pages suivantes permettent d'utiliser des images pour stocker des informations et les rendre plus facilement accessibles. Commençons par ce qui est le plus difficile. Les nombres. Comment transformer un nombre en image?

L'exercice que nous vous proposons s'appelle la conversion phonétique. À chaque chiffre correspond une lettre avec laquelle il sera alors possible de composer des mots.

1	T, D
2	N, GN
3	M
4	R
5	L, GL
6	SS, C, G (ci, gi)
7	C, G, K (sons durs)
8	F, V
9	P, B

0 Z, SC (ski)

Les consonnes doubles ne comptent que pour un seul chiffre (Belle - 95) et vous pouvez utiliser les voyelles comme vous le souhaitez, pour former vos mots.

Maintenant que vous avez à votre disposition cet outil, vous devrez vous exercer et faire vôtres ces conversions. Elles vont être très importantes. Grâce à elles, vous pouvez apprendre par cœur n'importe quel nombre ou combinaison. Voici quelques exemples pour que vous compreniez mieux la force de cette méthode.

Commençons par un nombre aléatoire:
6570832674
Démantelez-le et trouvez des images en utilisant des conversions.

Voici un exemple:

65 - CL - Ciel

70 - GZ - Gaz

83 - FM - Fumée

26 - NG - Nage

74 - CR - Carré

Un nombre sans signification comme 6570832674 peut être facile à retenir. Tout ce que vous avez à faire à ce stade est de créer une histoire où les images peuvent interagir les unes avec les autres. Par exemple, imaginez du gaz partir sous forme de fumée dans le ciel. Vous essayez de voir d'où provient ce gaz et en baissant les yeux vous voyez qu'il s'agit en fait de vapeur d'eau. Un homme en maillot de bain nage en réalité dans son immense jacuzzi carré. Oui c'est un jacuzzi tellement grand qu'on peut y nager!
C'est une histoire qui vous semble absurde? Très bien! Elle doit l'être! Les images que vous choisissez doivent être aussi vives que possible, mouvantes et riches en informations. Essayez d'imaginer aussi des sons, des odeurs, des goûts, des sensations physiques.

À partir de ce principe, vous pouvez créer une image pour n'importe quelle date historique. Par exemple, la date de la découverte de l'Amérique par Christophe Colomb le 12/10/1492. Une conversion possible est DN / DZ / TRPN: les images peuvent être DîNNer, DiSQue et TRou PeNaud. Construisez votre propre histoire en y ajoutant Christophe Colomb (l'image ici est simple) et vous n'oublierez jamais cette date.

Cette technique est la base des techniques de mémorisation. Sa description complète et détaillée n'est pas le but de ce livre. Cependant, si cela vous intéresse, vous trouverez beaucoup de livres sur internet qui la décrivent précisément.

Vous avez maintenant une technique de mémorisation, vous êtes détendu, concentré. À ce stade, prenez votre livre et commencer à recueillir toutes les informations dont vous avez besoin pour faire votre travail.

Nous vous conseillons d'utiliser des cartes conceptuelles pour structurer les informations: encore une fois, nous n'allons pas plus loin dans la description de cette technique, mais nous vous suggérons fortement de chercher des informations à ce sujet, elles peuvent être vraiment utiles.

Revenons à un discours plus général, dans lequel nous faisons référence à tout le monde, pas seulement aux étudiants. Il a été prouvé qu'une personne qui réunit les conditions suivantes parvient à répondre à un ensemble d'exigences fondamentales qui lui permet de mener une activité à bien.
La concentration, l'attention, l'état de relaxation, l'absence de distraction et de comportements trompeurs, la capacité de maîtriser des techniques spécifiques, sont des bases solides pour ramener à la maison des résultats incroyables dans tous les domaines et vous permettre d'exprimer le meilleur de votre potentiel.
Les effets bénéfiques du travail effectué grâce à la PNL vont au-delà de la performance.

Les bénéfices

Imaginez à quel point il serait fantastique d'envisager les heures d'étude ou de travail d'une manière positive. C'est précisément l'objectif à atteindre maintenant que vous en avez la possibilité.

Utilisez la technique de relaxation, éliminez les comportements et les habitudes qui peuvent ralentir vos activités et remplacez-les par des techniques et des stratégies fructueuses et utiles.

Au début, vous aurez besoin d'efforts et de travail pour vous familiariser avec les techniques décrites dans ce livre, mais nous sommes sûrs que vous ne pourrez bientôt plus vous en passer.

Conclusion

Derrière la Programmation Neuro-Linguistique se cache un grand potentiel, qui peut conduire à de grands changements dans votre vie. Pour ce faire, il faut du temps et une attitude positive, mais surtout de la volonté: vouloir atteindre des objectifs spécifiques ou vouloir sérieusement abandonner ses mauvaises habitudes. Effectuez tous les exercices calmement et ne perdez pas espoir si les choses ne fonctionnent pas comme vous le souhaitiez. Ce qui semble facile lorsqu'on l'explique par écrit dans ce livre, peut s'avérer difficile à mettre en pratique. Mais nous le répétons:

tout le monde peut apprendre la PNL. Dans la poursuite de ses objectifs, un processus qui est progressif est essentiel. C'est comme cela que vous pourrez filtrer et comprendre exactement ce dont vous avez vraiment besoin. C'est seulement lorsque votre objectif sera clairement défini que vous pourrez commencer à travailler avec la PNL de manière régulière pour l'atteindre.

Nous vous souhaitons beaucoup de succès dans ce voyage!

Lucio Canistrelli

Informations légales

1ère édition

DiGi Generation GbR

Im Ebertswinkel 9

64625 Bensheim

ALLEMAGNE

Représentants légaux:

Dr. Özgür Dagdelen, Torben Gebbert

Email: hallo@digigeneration.de

Exclusions de responsabilité

La mise en œuvre de toutes les informations, instructions et conseils contenus dans ce livre électronique est à vos propres risques. Pour les dommages de toute nature, l'auteur n'assume aucune responsabilité légale. L'auteur exclut toute les réclamations de responsabilité contre lui pour les dommages matériels ou immatériels causés par l'utilisation ou la non-utilisation des informations ou l'utilisation d'informations incorrectes et/ou incomplètes. Par conséquent, toute réclamation légale et d'indemnisation ne sera pas acceptée. Ce travail a été créé et écrit avec le plus grand soin, grâce aux connaissances et des convictions disponibles au moment de l'écriture. Pour l'actualité, l'exhaustivité et la qualité de l'information, l'auteur n'assume aucune responsabilité. En outre, les erreurs d'impression et la désinformation ne peuvent pas être complètement exclues. Pour des informations incorrectes écrites par l'auteur, aucune responsabilité légale sous quelque forme que ce soit ne sera acceptée.

Copyright

Printed by Amazon Italia Logistica S.r.l.
Torrazza Piemonte (TO), Italy

15458169R00066